Dieses Buch gehört

Liebe Eltern,

wir wollen Ihr Kind beim Lesenlernen unterstützen, und zwar mit spannenden und lustigen Geschichten.

Unsere Bücher mit der liebenswerten Bildermaus begleiten Ihr Kind durch die Vorschule. Sie enthalten kurze Geschichten mit einfachen Sätzen sowie großer und leicht lesbarer Schrift. Hauptwörter werden durch kleine Bilder ersetzt. Lesen Sie die Geschichten vor und lassen Sie Ihr Kind die Bilder selbst benennen. Am Ende finden Sie eine Bild-Wörterliste mit den einzelnen Bedeutungen.
Viele bunte Illustrationen sorgen außerdem für Lesepausen und helfen, die Geschichte zu verstehen.

So wird der Spaß am Lesen geweckt, und Ihr Kind wird ganz nebenbei von der Bildermaus zum echten Leselöwen!

Ihre
Bildermaus

Maja von Vogel

Hamster Franz springt ins Abenteuer

Illustriert von Nikolai Renger

Ihre Meinung zählt!

Nehmen Sie jetzt an einer kurzen Elternbefragung
des Loewe Verlags teil und beeinflussen Sie
die zukünftige Entwicklung unserer Kinderbücher:

www.elternbefragung.online

Unser Kinderbuch-Newsletter bietet alle Infos zu Neuerscheinungen und
tollen Veranstaltungen, exklusive Gewinnspiele und vieles mehr!

Jetzt kostenlos abonnieren: www.loewe-verlag.de

FSC
www.fsc.org
MIX
Papier aus ver-
antwortungsvollen
Quellen
FSC® C109273

ISBN 978-3-7432-0761-5
1. Auflage 2022
© 2022 Loewe Verlag GmbH, Bühlstraße 4, D-95463 Bindlach
Umschlag- und Innenillustrationen: Nikolai Renger
Umschlaggestaltung: Elke Kohlmann
Vignetten Bildermaus: Angelika Stubner
Reihenlogo nach einem Entwurf von Angelika Stubner
Printed in the EU

www.bildermaus.de

Inhalt

Ein schräger Vogel

Franz, der 🐹, schläft gemütlich

in seinem ⬜. Er schnarcht wie

ein 🐻 und kuschelt sich ins 🌾.

Plötzlich erklingt ein schriller ♪.

Was war das? Eine 📢? Franz

springt auf. „Hilfe, 🔥!" Er blickt

sich hektisch um.

Nirgendwo sind  zu sehen.

Da kommt Nele herein. Sie trägt

einen großen . Darin sitzt

ein . Er ist so gelb wie eine

und singt so laut wie ein .

„Das ist Karuso." Nele stellt den

ab. „Er wohnt jetzt bei uns. Ist das

nicht toll? Ich muss los. Bis später,

ihr zwei!" Nele schnappt sich

ihre 🎒 und flitzt zum ⚽.

„Hallöchen!", flötet Karuso und trällert in den höchsten . Franz gähnt. „Was bist du denn für ein schräger ?", fragt er mürrisch. „Sei gefälligst leise! Wir

schlafen tagsüber."

Karuso rümpft stolz den .

„Papperlapapp!", plappert er. „Ich

bin der beste  der ! Und

der schönste." Er betrachtet sich

selbstverliebt im  und pfeift

fröhlich weiter.

Franz stopft sich  in die 🌰🌰.

Es hilft nicht. Er macht kein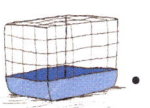

zu. „Jetzt reicht's!", murmelt er

ärgerlich und schlüpft aus dem 🔲.

Gut, dass Nele die 🔳 nicht

richtig verschlossen hat.

Diesem eingebildeten  wird er

es zeigen! Franz saust zum

und hüpft über die . Die

sind laut und schief, doch Karuso

singt einfach weiter. Auf dem

steht ein .

Franz klettert hinauf und drückt

auf den . Der  pustet los,

dass Karusos  nur so fliegen.

„Meine !", krächzt der

entsetzt. „Und mein ! Ich darf

mich nicht erkälten!"

Er schlingt einen  um seinen

gelben . Mit dem anderen

versucht er, seine  zu glätten.

Franz kichert. Er hüpft vom

und saust zu Karusos .

Zwischen den  steckt ein .

16

Franz stibitzt den   , beißt hinein

und kaut genüsslich. Lecker! „Du

gemeiner !", schimpft Karuso.

Empört schlägt er mit den  .

Der  geht auf und Karuso fliegt

quer durchs .

Dann zischt er durch die weit

geöffnete  in den . Franz

jubelt. Geschafft! Karuso ist weg.

Jetzt kann er endlich schlafen.

Doch was ist das?

Draußen schleicht  Karl durch

das . Karl wohnt im

nebenan und ist immer hungrig.

Der  entdeckt Karuso

auf einem .

Er leckt sich gierig über die .

Franz verschluckt sich fast an

Karusos . Karl hat es auf

den   abgesehen. Was soll

der  tun?

Hoch hinaus

Franz flitzt in den 🌳🪵. Wo ist

der 🐱? Au 🐹! Karl ist auf

den 🌳 geklettert und schleicht

sich von hinten an Karuso heran.

Der 🐦 merkt nichts. Er singt mit

geschlossenen 🐤. Franz muss

ihn warnen!

Er hüpft im  auf und ab,

schwenkt die  und quiekt so

laut wie ein . Aber Karuso

beachtet den  gar nicht.

Der  streckt die  aus.

So ein fieses !

Wie der 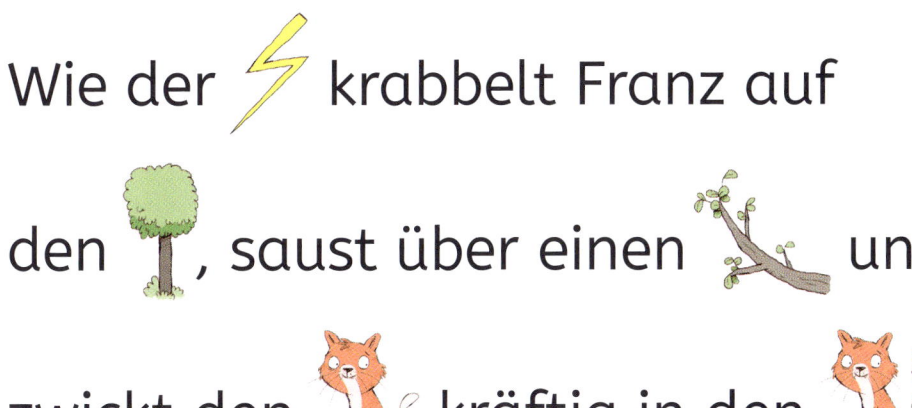 krabbelt Franz auf

den 🌳, saust über einen 🌿 und

zwickt den 🐱 kräftig in den 🐱.

Karl faucht wütend und Karuso

flattert davon. Der 🐦 ist gerettet!

Der 🐱 dreht sich um. „Was willst

du denn, du kleine 🌭?" Karls 👀

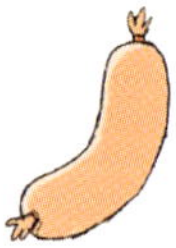

funkeln gefährlich. Der 🐹 ist

wie gelähmt. „Lauf weg!", ruft

Karuso. Franz flitzt los. Er klettert

höher und höher den 🌳 hinauf.

Karl ist ihm dicht auf den .

Franz keucht und sein  klopft

wie verrückt. Langsam geht ihm

die   aus. Die  werden immer

dünner. Der  schlägt mit der

nach ihm und Franz quiekt auf.

Da ruft jemand: „Karl, mein !

Es gibt !" Der  hält inne.

An der  steht sein  mit

einem . Karl macht sofort kehrt,

saust den  hinab und flitzt zu

seinem . Franz atmet auf. Das

war knapp. Wie gut, dass der

so verfressen ist! Der  blickt

nach unten. Ups, ist das hoch!

Ihm wird schwindelig. Schnell

klammert er sich an einen .

Wie soll er bloß von diesem

verflixten  herunterkommen?

Schlaf, Hamster, schlaf

Karuso lässt sich auf dem

neben Franz nieder. „Danke!", trällert

der . „Du hast den bösen

verscheucht. Soll ich dir was

vorsingen?" Er flötet los. Franz

würde sich gerne die zuhalten,

aber er will den nicht loslassen.

Ihm ist schlecht und vor seinen

dreht sich alles. Karuso hält inne.

„Du bist ja ganz grün im ",

stellt er besorgt fest. „Was ist

denn?" Der  seufzt. „Ich bin

nicht schwindelfrei", gesteht er.

„Kannst du mir helfen?" Karuso

spreizt die . „Klar! Zusammen

schaffen wir das." Der 🐤 hüpft

einen 🌿 weiter. „Komm schon,

ist ganz leicht."

Vorsichtig löst Franz die 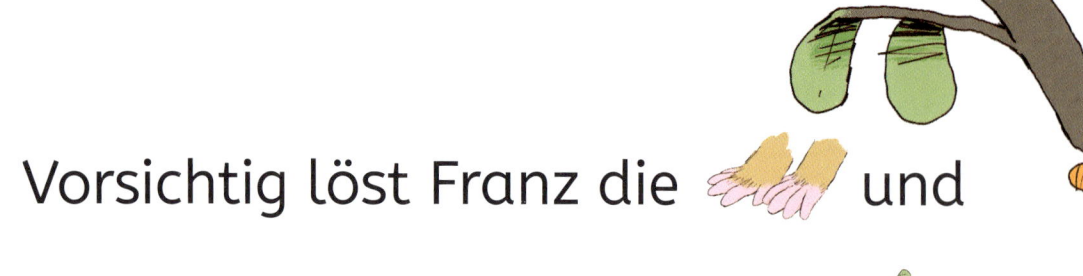 und

hangelt sich auf den nächsten .

„Super!" Karuso hüpft weiter.

„Schau nicht runter." Langsam

klettert Franz von 🌿 zu 🌿.

„Gleich hast du festen ___ unter

den !", ruft Karuso. Franz blickt

nach unten. Oh nein! Der 🌳

schwankt. Franz rutscht ab und

fällt. „Aaaaah!" Hilflos rudert er

mit den .

Der  kommt viel zu schnell

näher. Da spürt er zwei

im . „Hab dich!", ruft Karuso.

Er hält den  fest und trägt

ihn sicher nach unten. Sanft setzt

er Franz im  ab.

Franz schnappt nach . Langsam

hört der  auf, sich zu drehen.

„Danke!" Franz räuspert sich

verlegen. „Ich war ziemlich gemein

vorhin, tut mir leid. Für einen

bist du eigentlich ganz nett."

Karuso grinst frech. „Du auch, für

einen .“ Einträchtig kehren

die beiden ins  zurück. Da

hören sie . „Nele ist wieder

da!“, quiekt Franz. „Schnell, in

den !“ Sie flitzen los.

Aber sie haben es so eilig, dass

sie die  verwechseln.

„Hallo, ihr zwei!" Nele stürmt

herein. Sie bleibt wie angewurzelt

stehen und kratzt sich am .

„Das gibt's doch nicht! Habt ihr

etwa  getauscht?" Franz

und Karuso zwinkern sich zu.

Der  trällert schon wieder los,

aber das stört Franz kein bisschen.

Eigentlich klingt es sogar ganz

schön. Der  gähnt herzhaft.

Er lässt sich in den  fallen,

rollt sich unter einem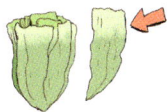

zusammen und schließt die .

Schon ist er eingeschlafen und

träumt, wie er sich mit Karuso

einen großen  teilt. Mit dem

schrägen wird er bestimmt

noch viel erleben!

Die Wörter zu den Bildern:

 Hamster

 Vogel

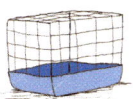 Käfig

 Zitrone

 Bär

 Rauchmelder

 Stroh

 Sporttasche

 Ton

 Fußball

 Sirene

 Schnabel

 Feuer

 Sänger

 Flammen

 Welt

 Spiegel

 Frisur

 Ohren

 Hals

 Auge

 Flügel

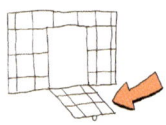 Käfigtür

 Gitterstäbe

 Klavier

 Apfel

 Tasten

 Räuber

 Ventilator

 Zimmer

 Knopf

 Terrassentür

 Federn

 Garten

 Kater

 Blitz

 Gras

 Ast

 Haus

 Schwanz

 Baum

 Wurst

 Schnauze

 Fersen

 Backe

 Herz

 Pfoten

 Luft

 Ferkel

 Schatz

 Biest

 Fisch

 Hecke

 Sand

 Frauchen

 Salatblatt

 Napf

 Gesicht

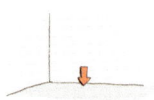 Boden

 Krallen

 Nacken

 Schritte

 Kopf

Maja von Vogel wurde 1973 geboren und wuchs im Emsland auf. Sie studierte Deutsch und Französisch, lebte ein Jahr in Paris und arbeitete mehrere Jahre als Lektorin in einem Kinderbuchverlag, bevor sie sich als Autorin und Übersetzerin selbstständig machte. Heute lebt Maja von Vogel in Norddeutschland.

Nikolai Renger ist in Karlsruhe geboren und studierte Visuelle Kommunikation an der HFG in Pforzheim. Er ist als frei- beruflicher Illustrator für verschiedene Verlage und Agenturen tätig und arbeitet seit 2013 im Atelier Remise in Karlsruhe.